D1414434

Chants de consolation

à celui qui va partir...

et pour ceux qui restent

Correction : Sylvie Massariol

Dans ce livre, le masculin est utilisé sans préjudice, seulement dans le but d'alléger la lecture.

Catalogage avant publication de
Bibliothèque et Archives Canada

Thouin, Lise
    Chants de consolation : à celui qui va partir
    et pour ceux qui restent

1. Malades en phase terminale - Livres de prières et dévotions français. 2. Personnes endeuillées - Livres de prières et dévotions français. 3. Christianisme - Livres de prières et dévotions français. 4. Mort - Méditations. I. Titre.

BV270.T46 2007   242'.4   C2007-940188-0

Pour en savoir davantage sur nos publications,
visitez notre site : **www.edhomme.com**
Autres sites à visiter : www.edjour.com
www.edtypo.com • www.edvlb.com
www.edhexagone.com • www.edutilis.com

Sites de l'auteur :
www.bouledereve.org
www.lisethouin.alchymed.com

01-07

© 2007, Les Éditions de l'Homme,
une division du Groupe Sogides inc.,
filiale du Groupe Livre Quebecor Média inc.
(Montréal, Québec)

Tous droits réservés

Dépôt légal : 2007
Bibliothèque et Archives nationales du Québec

ISBN : 978-2-7619-2373-6

DISTRIBUTEURS EXCLUSIFS :

• Pour le Canada et les États-Unis :
MESSAGERIES ADP*
2315, rue de la Province
Longueuil, Québec J4G 1G4
Tél. : (450) 640-1237
Télécopieur : (450) 674-6237
* une division du Groupe Sogides inc.,
    filiale du Groupe Livre Quebecor Média inc.

• Pour la France et les autres pays :
INTERFORUM editis
Immeuble Paryseine, 3, Allée de la Seine
94854 Ivry CEDEX
Tél. : 33 (0) 4 49 59 11 56/91
Télécopieur : 33 (0) 1 49 59 11 96
Service commandes France Métropolitaine
Tél. : 33 (0) 2 38 32 71 00
Télécopieur : 33 (0) 2 38 32 71 28
Internet : www.interforum.fr
Service commandes Export – DOM-TOM
Télécopieur : 33 (0) 2 38 32 78 86
Internet : www.interforum.fr
Courriel : cdes-export@interforum.fr

• Pour la Suisse :
INTERFORUM editis SUISSE
Case postale 69 – CH 1701 Fribourg – Suisse
Tél. : 41 (0) 26 460 80 60
Télécopieur : 41 (0) 26 460 80 68
Internet : www.interforumsuisse.ch
Courriel : office@interforumsuisse.ch
Distributeur : OLF S.A.
ZI. 3, Corminboeuf
Case postale 1061 – CH 1701 Fribourg – Suisse
Commandes :   Tél. : 41 (0) 26 467 53 33
                Télécopieur : 41 (0) 26 467 54 66
                Internet : www.olf.ch
                Courriel : information@olf.ch

• Pour la Belgique et le Luxembourg :
INTERFORUM editis BENELUX S.A.
Boulevard de l'Europe 117, B-1301 Wavre – Belgique
Tél. : 32 (0) 10 42 03 20
Télécopieur : 32 (0) 10 41 20 24
Internet : www.interforum.be
Courriel : info@interforum.be

Gouvernement du Québec – Programme de crédit d'impôt pour l'édition de livres – Gestion SODEC
www.sodec.gouv.qc.ca

L'Éditeur bénéficie du soutien de la Société de développement des entreprises culturelles du Québec pour son programme d'édition.

Le Conseil des Arts du Canada
The Canada Council for the Arts

Nous remercions le Conseil des Arts du Canada de l'aide accordée à notre programme de publication.

Nous reconnaissons l'aide financière du gouvernement du Canada par l'entremise du Programme d'aide au développement de l'industrie de l'édition (PADIÉ) pour nos activités d'édition.

Lise Thouin

Chants de consolation

à celui qui va partir...

et pour ceux qui restent

J'ai rêvé

Que ces *Chants de consolation* vous rejoignent,

Chacun de vous et

Là où vous êtes.

J'ai rêvé d'ajouter par mes mots

Un peu de douceur et de tendresse

À la vie

Parce que je sais que, parfois,

Elle est bien difficile…

Mourir est tout simplement déménager dans une plus belle maison. Dès que le cocon est endommagé de façon irréversible, il va libérer le papillon, c'est-à-dire votre âme...

Elisabeth Kübler-Ross

Devant le marbre blanc…

Devant le marbre blanc, mon bras reste immobile… J'hésite à donner le premier coup de burin. Par où dois-je commencer ? De quel côté entamer la pierre lisse ? Où ouvrir une première faille ? Sur quelle face provoquer une inguérissable blessure ? D'ailleurs, ai-je le droit de le faire ? Où percer pour imprimer la trace indélébile de l'âme dans ce livre neuf qui s'attend à être écrit par moi, maintenant ?

Mon bras s'abat. Le marbre crie. Je crie moi aussi, lancée à toute vitesse avec le vide au-dessous de moi. Vertige. Vertige des choses encore incréées qui vivent pourtant déjà dans le temps futur. Un livre existe, je le sais. Mais moi, je n'y suis pas encore et mes coups de burin répétés semblent à peine altérer la masse compacte de la pierre qui se met à vivre et à souffrir.

Je demande les mots qu'il faut, des mots nouveaux pour percer les ténèbres épaisses. Des mots pour traverser l'indifférence, la grisaille et le cynisme. De chocs en secousses et en ébranlements, la pierre cède un peu. C'est moi qui résiste moins.

Un moment de répit. Le marbre respire et je caresse sa surface dénudée. La poussière argentée est sur ma main. Une main pâle, pleine de secrets de roche et de labeur. Ce ne sont pas des mots qui viennent alors, mais le silence tout entier. Un silence à vif. Je ne suis plus rien que ce vide absolu qui vient de s'ouvrir. Il se déploie en moi et devant moi. Le temps se noie, l'apnée se prolonge.

Et puis, soudain, au milieu de cette absence de tout, des images m'arrivent avec leur poids d'odeur et de couleur. Mon ventre se contracte, redevenu vivant.

Tout se précipite à présent.

*J*e me retrouve dans cette chambre. Rolande vient de mourir… Cela fait à peine trente minutes. Une tumeur maligne du foie opérée l'année dernière et qui s'est rapidement métastasée. Pour la médecine, c'était un cas type, on ne peut plus banal d'ailleurs, de cancer généralisé. Elle n'a été hospitalisée que cinq jours et maintenant, tout est déjà fini. Oui, Rolande est partie très vite et, apparemment, elle ne s'est aperçue de rien. En réalité, tout s'est précisément passé comme elle l'avait désiré et demandé : « Je ne veux rien savoir de ce qui va m'arriver, nous avait-elle dit quelques mois auparavant. Je vous avertis, surtout ne me parlez pas de ma maladie et de ses conséquences, j'ai suffisamment peur comme ça ! » Voilà pourquoi aucun d'entre nous n'avait osé aborder devant elle la réalité de sa mort prochaine. Obéissant à sa dernière volonté, nous avions tous fait *semblant* de rien. Qu'on se taise, n'était-ce pas ce qu'elle voulait, après tout ? Elle avait si peur de la mort ! Pauvre Rolande… Cela pouvait se comprendre.

Mais, entre nous, lui cacher la gravité de son état avait bien fait notre affaire. Il avait été tellement plus facile, tellement plus… confortable de lui taire la vérité ! Oui, jusqu'au bout, avec conviction et avec de grands sourires rassurants, nous avions persisté à lui assurer que tout allait pour le mieux, qu'elle allait évidemment guérir et que, certainement, dans quelques semaines — pourquoi pas ? —, elle pourrait reprendre sa vie normale. Comme elles furent enjouées, ces belles phrases lénifiantes que nous inventions à mesure ! Et comme cette indécente comédie fut bien exécutée! On y aurait presque cru, à cette fable absurde de sa guérison imminente!

Mais quoi? Tant mieux pour nous! Nous avions ainsi évité les débordements d'émotions qui ne manquent jamais de se produire à l'annonce d'un diagnostic accablant pour le malade. Nous avions échappé à d'éventuelles crises de nerfs ou à des explications extrêmement pénibles pour Rolande autant que pour nous. Après tout, c'est elle qui nous avait demandé avec insistance de ne pas l'affoler... Alors, pourquoi aurions-nous mauvaise conscience, à présent, de n'avoir pas su parler avec elle des vraies choses avant son départ? Nous avions fait pour le mieux, c'était évident.

Il est à peine midi et les autres, ceux de la famille proche, ont déjà vidé la chambre des effets personnels de Rolande. Tout a été mis pêle-mêle dans de grands sacs de plastique : ses vête-ments, son peigne, sa brosse à dents, son parfum qui sent si bon, sa lotion pour les mains, ses pantoufles neuves... Ils ont même jeté à la poubelle la belle boîte de chocolats à peine entamée que Rolande avait reçue hier en cadeau. Comme si ces innocents chocolats pouvaient être porteurs d'un dangereux microbe à éradiquer tout de suite pour ne pas risquer de rame-ner sa mort avec soi à la maison!

Il ne reste plus rien maintenant dans les tiroirs de métal vert. Non, ils n'ont rien oublié... Après un dernier regard impuissant sur le corps inerte de Rolande, ils sont sortis sans un mot, de peur d'éclater à nouveau en sanglots. Je sens leur peine, leur impuissance, leur incompréhension. Ils doivent se rendre au service de la comptabilité, au premier étage. Là, il y a des formulaires à remplir, des papiers importants à signer... Autant y aller tout de suite pour en avoir terminé au plus vite. Et puis, il y a aussi les parents et les amis à prévenir, les obsèques à organiser, le cercueil à choisir... Moi, je leur ai dit de ne pas s'inquiéter, que j'allais attendre un peu, et ça a semblé les rassurer.

Me voici maintenant seule devant ce corps sans vie. Dieu que c'est vide et froid ici et que j'ai mal au ventre tout à coup! Je n'ai plus qu'une envie : m'enfuir au plus vite comme les autres, oublier ce qui s'est passé, retrouver la rue bruyante, la ville et son tapage. Oui, n'importe quoi, mais pas ce silence oppressant de la mort qui me tord les entrailles. Je me dis que, dans la voiture et avant même de démarrer, je choisirai un disque de rock et je le mettrai à plein volume. J'ouvrirai toutes les fenêtres et le toit, s'il le faut! Du bruit, il me faudra beaucoup de bruit pour chasser de ma tête le silence de la chambre qui se fait lourd à présent, envahissant, presque insupportable.

J'hésite pourtant à partir... C'est étrange : depuis que tout est tranquille, on dirait que je *sens* la présence de Rolande. C'est comme si... elle était encore ici, quelque part... Est-ce que je divague? On dirait que... Rolande tourne autour de moi! Tous mes sens sont en alerte. Je n'ose plus bouger et à peine respirer. J'ai l'impression que Rolande… flotte dans l'espace de la chambre! Elle oscille et se balance, de gauche à droite et de bas en haut, comme un ballon aveugle qui ne serait plus attaché à son fil. Elle va, elle vient, elle hésite. Comment le dire mieux? Rolande est là. Je la sens qui passe et repasse près de mes cheveux.

Ma concentration est extrême… Rolande est de toute évidence perdue et désemparée. Je me demande si elle comprend vraiment qu'elle vient juste de mourir. Peut-être cherche-t-elle à communiquer avec moi. Peut-être se demande-t-elle pourquoi moi, je ne la vois pas, pourquoi je ne lui parle pas. Je ressens de plus en plus son angoisse, elle se mêle à la mienne. Elle ne comprend pas ce qui se passe, c'est certain. Qu'est-ce que je pourrais bien faire pour elle? Je n'en sais rien! Personne ne parle jamais de ces choses. Pourtant, je sens l'urgence, Rolande a vraiment besoin d'aide… et moi aussi!

Personne n'a su la préparer ni l'assister dans son départ. Je m'en rends bien compte à présent. Toute cette confusion vient de là. Mais on n'impose pas ses propres convictions, ni sa façon de voir ou de se comporter à ceux qui entourent le mourant. La fermeture de la famille proche à toute notion de survie après la mort était si évidente… Je n'ai pu que respecter ce qu'ils faisaient… ou ne faisaient pas. De toute façon, honnêtement, je trouvais ça plus facile ainsi.

Presque une heure maintenant depuis le départ de Rolande…

Quand je pense qu'il y a à peine trois jours, elle nous disait qu'elle irait mieux pour son anniversaire… Elle avait même décidé de nous inviter au restaurant pour ses soixante-seize ans… «N'importe quel restaurant, vous le choisirez! Même le plus beau, même le plus cher, il n'y a pas de problème!» avait-elle déclaré. Pourtant, elle devait bien se douter que ce serait impossible. Son état général se détériorait si vite… Et nous, pour lui faire plaisir, nous faisions semblant d'y croire, à cette sortie, et nous évoquions en riant les menus extravagants et hors de prix des restaurants les plus chic en ville. Comment avions-nous pu accepter sans broncher l'idée absurde que, vraiment, cette grande malade ne se rendait compte de rien?

Rolande était une femme simple, une bonne mère de famille qui avait fait du mieux possible avec sa vie. Elle était catholique par tradition, mais n'était plus vraiment pratiquante depuis des années. Sur le sens de son existence aussi, elle avait toujours préféré ne pas se poser trop de questions. «Ce qu'on ne sait pas, ça ne fait pas mal!» répétait-elle souvent.

Finalement, elle était comme la grande majorité des gens. Elle avait peur de changer, peur de bouleverser son quotidien. Elle ne voulait pas trop courir de risques… Elle avait préféré vivre en sourdine, marcher à petits pas mesurés et refouler ses plus beaux rêves dans un coin reculé de sa tête. Pas question de se distinguer des autres ni de déranger les gens! Son vaste monde à elle se résumait à sa famille proche, ses enfants, ses petits-enfants, puis à quelques voisins et connaissances. Son univers s'arrêtait là. Ce fut son choix de vie. Changer radicalement sa façon de penser et de voir les choses aurait été trop compliqué, trop dangereux. C'est pourquoi, quand le médecin lui avait appris sa maladie, elle avait préféré l'ignorer, la nier même. Peut-être avait-elle cru de cette façon en être protégée ou débarrassée. Oh! je l'aimais bien, Rolande...

On m'a déjà dit que pour une journée normale, s'il n'y a pas de catastrophes majeures, plus de 200 000 personnes meurent sur la planète. Cela fait plus ou moins 70 millions d'êtres humains par année qui expérimentent le grand voyage. C'est beaucoup. Plus de deux fois la population du Canada! Je sais aussi qu'en Occident la plupart d'entre eux décèdent, comme Rolande, dans des hôpitaux ou des maisons de retraite. Des morts banalisées, bâclées, vidées de leur sens. Des morts rayées à toute vitesse de notre quotidien, des morts qu'on refuse, qu'on efface et qu'on s'empresse d'oublier. Oui, le départ se vit comme cela, dans nos sociétés dites modernes et évoluées. Rolande n'est certes pas une exception.

Je la regarde... Son corps immobile se fige de plus en plus. Pourtant, il me semble que je ne peux pas partir encore, que c'est trop tôt. Assise sur une chaise inconfortable, j'observe Rolande se modifier, changer de couleur. Le corps doit se refroidir à présent, mais je n'irai pas vérifier... J'ai demandé une bougie à un infirmier tout à l'heure. Il m'a répondu qu'il n'en avait pas et que, de toute façon, c'était interdit dans l'hôpital à cause du danger d'incendie. J'ai eu l'impression d'être suspecte à ses yeux... ou, du moins, passablement dérangeante. Il me semble pourtant que la présence d'une simple flamme aurait pu créer un peu de chaleur dans la chambre, une lueur d'espoir.

Me voilà sans mots et sans réactions. Aucune image transcendante ne se forme dans ma tête. Juste des banalités qui s'enroulent et font des tours creux dans mon cerveau. Je ne produis que des pensées sans suite et sans importance. En cet instant si essentiel pour Rolande, je me sens vide et sèche, incapable de l'aider, de l'accompagner... Je suis pourtant la seule à être restée avec elle, la seule qui pourrait peut-être tenter quelque chose. Je la sens proche encore et si désemparée.

C'est curieux comme la mort ne fait habituellement pas de bruit. On dirait même qu'elle ne « fait » rien du tout sur le coup. On s'attendrait à ce que le monde s'arrête de tourner et que tout s'écroule. Mais non, la terre ne tremble pas et le ciel ne s'obscurcit pas non plus ! Pas de grands adagios au violon surgissant de nulle part dans la chambre, comme par miracle. La vraie mort ordinaire, vécue dans un hôpital, c'est bien moins poétique et moins charmant que dans les films !

Et, pour Rolande, comme pour presque tout le monde d'ailleurs, rien ne se passe en effet comme au cinéma. L'ultime accompagnement musical à sa mort, c'est le téléviseur d'en face qui diffuse à présent une publicité chantée par des chiens pour un collier antipuces. Cela me fait mal. Plus que je ne l'aurais cru. Tout est si banal et si insignifiant que j'ai honte de nous devant celle qui vient de mourir. J'ai d'autant plus honte que cet instant, qui devrait pourtant être pour elle le plus sacré d'entre tous, se met soudain à prendre l'odeur dérisoire du spaghetti en boîte qu'on réchauffe au micro-ondes près du poste de garde.

Je sursaute. Un préposé au ménage vient d'entrer sans frapper et vide bruyamment la poubelle. Là, ça y est, c'est vraiment la fin des chocolats… C'est bien dommage, parce que la boîte était neuve et que… Mais qu'est-ce qui se passe ? Pourquoi est-ce que je me préoccupe tant du gaspillage des chocolats ? C'est absurde, c'est… trivial ! Je n'en reviens pas ! Il me semble que je devrais avoir des préoccupations tellement plus élevées. C'est peut-être parce que je commence à avoir faim… Avoir faim ? Non, vraiment, là, je suis lamentable, au-dessous de tout…

Le préposé regarde un peu vers le lit d'un œil indifférent, puis il sort. Pas un mot, pas un regard de compréhension, même pas un salut de politesse. La porte claque de nouveau. Après tout, dans un hôpital, la mort, c'est juste normal. Les préposés ne vont quand même pas se mettre à chialer devant chaque vieillard qui lève les pattes !

Mon Dieu, pourquoi une pensée plus profonde ne me vient-elle pas ? J'attends... Il me semble qu'on aurait dû acheter des fleurs... Même une rose, une seule rose ferait peut-être la différence. On aurait pu la mettre sur le rebord de la fenêtre pour cacher le mur de béton d'en face.

Immobile et transie sur ma chaise droite, je ne vois plus à présent que ce mur de ville avec ses traînées noires et ses trous rouillés. Mon esprit qui erre, incapable de se poser, se met à y déceler de gros visages monstrueux, des paysages dantesques... Tout arrive en vrac : la mort, la peur, les films d'épouvante, l'enfer, les spectres, les vampires... Je me mets à avoir peur. Je me dis que, finalement, je suis vraiment toute seule avec un cadavre et que je ne sais pas ce qui peut arriver. C'est épouvantable ! Non, tout cela n'a aucun sens, je nage en plein délire ! Je me précipite pour fermer les rideaux.

Je m'apaise. Enfin un peu de calme dans le corridor. Rolande est toujours présente, je la sens près de moi. Je sais qu'elle a besoin de mon aide. Mais, vraiment, je ne sais quoi faire ni quoi dire ! On dirait que je ne trouve pas de mots pour adoucir mon âme et la diriger vers le haut. Ne serait-ce pas l'atmosphère de l'hôpital qui me dévitalise ainsi ?

Sur la table de chevet, il y a un chapelet blanc en plastique encore enveloppé dans son papier agrafé. L'aumônier du centre hospitalier doit bien les acheter par douzaines au Dollarama pour pouvoir les distribuer gratuitement, comme ça, pendant ses visites ! Quand il est venu tout à l'heure, Rolande était encore vivante. Il nous a demandé son nom et, sans nous regarder, il a bâclé une espèce d'extrême-onction rapide avant de nous parler en phrases et en paraphrases savantes de la volonté de son Dieu miséricordieux qui reprenait sa… servante auprès de Lui. Je le sentais mal à l'aise, comme s'il n'arrivait pas à supporter nos larmes. Il brandissait Dieu vers nous, comme un bouclier, peut-être pour ne pas avoir à nous prendre dans ses bras… Maintenant que j'y repense, j'ai l'impression qu'il a effectivement peur de la mort, lui aussi, et que ce n'est peut-être pas le bon métier qu'il a choisi…

Rolande souffrait et nous aussi. Alors, de quel droit cet aumônier, qui venait seulement d'arriver dans notre histoire, se permettait-il de donner un sens divin à notre épreuve? Il ne nous connaissait que depuis à peine quelques minutes! Nous avons eu, c'est vrai, une réaction de fermeture. Et le sens du sacré, qui aurait effectivement pu venir par le prêtre, a été éjecté, très loin de la chambre! En moins de dix minutes, il avait béni, oint, prié, pontifié, distribué ses chapelets et débité les unes après les autres ses formules officielles de consolation. Certainement les huit mêmes qu'il doit plaquer d'emblée à tous les cas de phases terminales qu'il rencontre dans son ministère.

Puis il est parti, en expliquant nerveusement que c'était bientôt l'heure de son dîner, qu'il y avait quatre autres mourants en attente et que cela allait lui faire beaucoup de travail pour un même après-midi. Ça nous a fait comme un choc! C'est idiot, bien sûr, mais nous pensions être les seuls... À tout le moins, dans l'hôpital... Ce que nous vivions si douloureusement, l'agonie de Rolande, n'était donc pas unique ? C'était donc juste un banal événement qui avait lieu simultanément dans différents lieux de cet hôpital...

Après la visite de l'aumônier, j'ai senti le fossé s'élargir... Un fossé énorme, entre moi, qui sais la survie de l'âme mais qui n'ai aucune appartenance religieuse, et la famille, qui se veut et se déclare athée. Je n'ai rien osé entreprendre, je n'ai rien osé dire... Pourtant, j'étais consciente que, malgré le coma profond dans lequel elle était plongée, Rolande aurait pu m'entendre. Du moins aurait-elle pu suivre ma pensée intérieure, s'y agripper, s'en servir comme d'un pont, d'un tremplin. Seulement voilà, mon esprit a été incapable de décoller, de créer des images qui puissent véritablement la diriger, l'aider à se dégager d'ici et à s'envoler en toute confiance... Je n'ai pas pu.

J'entends parler et rire aux éclats dans le corridor, juste derrière la porte. L'accalmie a été de courte durée. Deux jeunes femmes se racontent leur sortie d'hier soir. Je suis maintenant au courant de tout, jusqu'aux détails de la fin du film et au retour à l'appartement pour un petit café. Tout cela est insensé ! Rolande s'enfonce dans l'inconnu d'un autre espace et je ne parviens même pas à trouver un seul moment de calme et de paix en moi pour lui donner la main !

Un médecin qu'on ne connaissait pas est venu tout à l'heure pour constater le décès. Il est resté peu de temps dans la chambre, avec l'air pressé et irrité des gens importants qu'on a osé déranger pour des insignifiances. Il a balbutié des paroles de circonstance et des sympathies toutes faites, puis il s'est sauvé rapidement. Il n'allait certainement pas traîner dans la chambre et risquer qu'un de nous remette en question les décisions prises par un autre médecin pour sa patiente. Le médecin de Rolande, lui, n'est pas venu depuis hier matin, nous l'avons réclamé en vain. Nous savions bien qu'il ne pouvait plus rien pour elle, mais Dieu que sa seule présence nous aurait réconfortés!

Il ne s'est plus montré parce que, pour lui aussi certainement, la mort est un échec, une preuve de son impuissance à tout guérir et à tout contrôler. Peut-être a-t-il du mal, lui aussi, à y faire face.

Un pâle soleil a réussi à se faufiler dans la chambre par l'interstice des rideaux que j'ai approximativement refermés tout à l'heure. Un petit rayon s'est même posé joliment sur les mains trop blanches de Rolande. C'est drôle, on dirait un bijou doré... Mais pourquoi donc les ai-je fermés, après tout, ces horribles rideaux à carreaux vert et brun? Pourquoi la mort appellerait-elle nécessairement la pénombre ou l'obscurité? Je me lève et, d'un geste rapide et décidé, j'ouvre tout, tout grand! La lumière du plein midi jaillit. C'est une ouverture en mon âme qui se produit à ce moment-là!

Je sens tout à coup monter en moi le goût de prier. Cela ne m'était pas arrivé depuis longtemps. Oui, mais prier qui? Comment? En prononçant quelles paroles? Où trouver la grâce de l'inspiration du cœur dans une chambre d'hôpital si froide, si dévitalisante, si peu humaine?

Seule devant ce corps immobile et glacé, sachant pourtant hors de tout doute que la vie se continue au-delà, les mots qu'il faudrait dire refusent toujours de se former. Les images s'enfuient au loin. Mon cœur est trop lourd et je suis trop fatiguée. Cependant, j'ai conscience de la douceur et de la paix intérieure qu'il me faudrait maintenant pour raconter à Rolande la Lumière qui l'appelle et qui l'attend. Je sais que je pourrais peut-être ainsi apaiser son désarroi. Mais comment faire? Je ne vais tout de même pas réciter à voix haute des *Je vous salue, Marie* sur le chapelet en plastique du curé!

C'est d'un *Chant d'Amour* dont j'aurais besoin maintenant. Un véritable chant d'amour sans coloration religieuse particulière. Un chant d'adieu tissé avec des mots qu'elle comprendrait et qui me seraient familiers, à moi aussi. Des mots réconfortants pour canaliser les larmes et consoler. Des mots sacrés pour redonner au départ d'une âme sa part de miracle. Des mots vivants capables d'ouvrir le cœur et d'y faire entrer le Soleil. Mais ce chant n'existe pas en moi aujourd'hui...

Plus d'une heure et demie depuis que Rolande nous a quittés. Une éternité. Je suis épuisée, vidée. Je ne sais plus quoi faire. Je me lève. Je la regarde une dernière fois. Je lui demande de me pardonner. Je sais bien que je l'abandonne, moi aussi… Mais je suis à bout de ressources.

«Quelqu'un d'autre va venir?» me demande-t-on au poste de garde. «Non, je ne crois pas.» L'infirmière me sourit avec une grande douceur. Dans l'état où je me trouve, j'y suis particulièrement sensible. J'ai l'impression que nous aurions mille choses à nous dire. Elle aimerait peut-être parler, elle aussi ; peut-être a-t-elle eu le temps de s'attacher un peu à Rolande. Nos regards se touchent, s'attardent… Mais brusquement le téléphone sonne et un médecin lui réclame un dossier à consulter. Elle s'excuse. Elle est seule, les autres sont à leur dîner. Elle n'a pas le temps, je comprends…

Les larmes aux yeux, je pars. J'imagine que, sans personne dans la chambre, on va vite transporter le corps de Rolande au sous-sol. Oh! bien trop vite, il me semble… Elle est encore si perdue…

Mais tout doit être nettoyé et désinfecté rapidement, je le sais bien. Un autre patient attend dans un corridor de l'urgence pour prendre la place. C'est comme ça. Dans un hôpital, on ne peut pas se payer le luxe de faire du sentiment. Faut que ça roule.

Est-ce à ce moment-là qu'a surgi le désir de rédiger ce livre? Oui, probablement. À cause de l'urgence que je ressentais. À cause du besoin que j'avais d'une autre voix pour libérer la mienne, et de mots nouveaux pour faire naître l'espoir et réveiller ce qui sommeillait en moi. Ces mots dont je sentais la nécessité et qui n'existaient pas encore, était-ce donc à moi de les écrire afin qu'ils puissent servir à d'autres dans les mêmes circonstances difficiles ?

L'entreprise me paraissait démesurée, pratiquement impossible...

*L*e bloc de marbre se fait attente. L'appel est pressant. Alors, d'amour, mes mains s'offrent. Je sais depuis longtemps que chaque caresse, chaque blessure laisse à jamais des traces visibles sur nos vies. Je m'ouvre tout entière, un torrent s'engouffre en moi et vient à la rencontre d'un monde à créer. Le risque est pris et bientôt un souffle brûlant m'amène au-delà des paroles que je trace. Déjà se mettent à renaître les étoiles éclatées. Déjà en moi s'imprime le premier mot…

J' aimerais vous dire, à vous qui allez entamer la lecture de ces *Chants de consolation*…

J' ai composé les *Chants de consolation* pour aider ceux qui s'apprêtent à partir et pour les personnes qui les accompagnent. Je les ai voulus tel un baume posé sur une blessure à vif, je les ai surtout voulus porteurs d'espoir et habités par cette transcendance véritable qui ne se réclame d'aucun dogme, d'aucune croyance ni d'aucune religion, mais qui, cependant, les accepte et les contient tous. J'aimerais que ces *Chants de consolation* puissent devenir de réels accompagnateurs pour ceux qui, tôt ou tard, auront peut-être à vivre auprès d'un mourant le moment difficile mais si important du «grand passage». Puissent donc ces chants sacrés apaiser et embellir les jours d'attente et de souffrances, les heures et les minutes ultimes vécues souvent si douloureusement à l'hôpital ou à la maison, et les mois de vide et d'abattement qui suivent presque inévitablement le départ de l'être qu'on a tant aimé.

Les poèmes des *Chants de consolation* prendront tout leur sens au chevet d'un grand malade s'ils sont lus très lentement, à mi-voix. Cependant, ils pourront tout aussi bien être récités simplement dans le silence de votre cœur si cela vous gêne de le faire à voix haute ou si les circonstances ne s'y prêtent pas. Il est surtout important de se sentir à l'aise dans la démarche. Encore une fois, il n'y a rien à prouver ni rien à imposer à qui que ce soit.

Si un événement vous a distrait dans votre lecture, si vous avez perdu le fil ou le sens du texte parce que le malade a réclamé votre aide, parce que le médecin est venu ou que le téléphone a sonné, ne vous en faites pas, reprenez tout simplement ces *Chants de consolation* où vous vous êtes interrompu, dès que le calme sera revenu dans la chambre.

Qu'importe si vous recommencez une phrase ou un paragraphe plusieurs fois de suite, qu'importe si vous avez l'impression d'être un peu absent ou inattentif, de ne pas tout saisir, de ne pas tout comprendre du premier coup... Ces *Chants de consolation* ont précisément été conçus pour qu'on puisse en relire des passages au besoin ou même retourner quelques pages en arrière sans problème.

Il vous semblera parfois pertinent de sauter un passage afin d'être plus près de ce que vit le malade, et n'hésitez pas à le faire. L'important est d'être bien attentif aux besoins de celui qui s'apprête à partir et, bien sûr, à ce que vous ressentez, vous, profondément. Encore une fois, ce texte saura s'adapter aux circonstances imprévisibles de l'agonie, il a été écrit précisément dans cette optique. Il n'y a pas de mode d'emploi unique, pas de contraintes. Laissez-vous simplement guider... Peut-être préférerez-vous lire ces *Chants de consolation* calmement chez vous, quand vous vous retrouverez seul. Pourquoi pas ? Faites-vous confiance, ce sera certainement mieux ainsi pour vous.

Ces *Chants de consolation* possèdent leur propre mélodie, leur propre rythme et leur propre itinéraire. Parce qu'ils travaillent de l'intérieur et par l'intérieur, ils sauront s'ajuster à ce que vous vivez. Ces *Chants de consolation*, c'est tout simplement une longue chanson d'amour qu'on laisse chanter doucement au fond de son cœur et qui travaille à sa façon au plus profond de l'âme…

Vous remarquerez que ce chant d'amour s'exprime par trois voix différentes. Afin de les distinguer facilement, j'ai voulu qu'elles figurent avec des calligraphies distinctes. Il y a donc une première voix, celle de celui qui accompagne le grand malade. Lorsqu'elle s'adresse à lui, qu'elle n'hésite pas à l'appeler par son prénom ou par un petit mot tendre. Apparaît ensuite une deuxième voix qui parle et qui communique avec nous. J'ai donné des mots, des mots humains à cette grande Force d'Amour qui va accueillir le voyageur en partance. Oui, j'ai osé le faire… Le Ciel m'a inspirée, certainement… J'y ai mis tout mon cœur, en tout cas.

Enfin, il y a une troisième voix, celle de celui qui vient de quitter notre monde. Cela vous surprendra peut-être que je fasse parler quelqu'un qui vient de mourir… Cependant, vous comprendrez vite que ces mots serviront précisément à l'orienter concrètement dans ce périple qu'il s'apprête à entreprendre ou qu'il vient juste de commencer.

Je voudrais également vous dire que j'ai volontairement choisi pour mes *Chants de consolation* des mots très simples, très quotidiens ; je les ai voulus ainsi afin qu'ils puissent être ressentis, reçus, compris facilement. Vous verrez, ils pourront adoucir, purifier et alléger l'atmosphère d'une chambre de souffrance et calmer son trop-plein d'angoisse. Laissez chanter cette chanson douce en vous…

Je vous en prie… Respirez dans les mots, n'allez pas trop vite, attendez un peu entre les paragraphes, laissez agir la magie du silence entre les lignes. *Chants de consolation* n'est pas un livre ordinaire dont on tourne les pages rapidement. C'est un texte à vivre petit à petit et infiniment. Avec lui, ressentez l'action du temps qui s'étire et se dilate. N'est-ce pas justement ce temps élargi jusqu'à l'infini qu'expérimente celui que vous aimez et qui se prépare à entreprendre le plus grand des voyages?

Si la mort ne vient pas, si elle tarde, comme c'est souvent le cas pour les grandes maladies, n'hésitez pas à recommencer votre lecture doucement, une fois de plus. Apprivoisez encore mieux les phrases, permettez-leur de devenir vôtres et d'accomplir en vous et pour le malade leur travail d'amour et d'espérance.

Aimez-le, celui qui s'apprête à partir… Aimez-le vraiment. De toutes vos forces. Et, quand le temps sera venu pour lui de nous quitter, laissez-le s'envoler, ne le retenez pas… Laissez-le s'avancer, debout dans la Lumière…

CHANTS DE CONSOLATION

À celui qui va partir…

et pour ceux qui restent.

Tu t'en vas...

Tes yeux sont clos et ta respiration, difficile.

Tu t'en vas

Et pourtant, toute la chambre est remplie

Par ta présence muette.

Il n'y a plus que toi et nous ici,

Cependant, ailleurs, la vie continue.

Les autres parlent, travaillent

Et mangent comme avant.

Mais, comme tout cela est loin maintenant.

Ta chambre est une île pleine de vides.

L'extérieur s'efface, et puis n'existe plus.

Nous sommes captifs de ta fin du monde.

Et tout le reste, tout le reste

N'a plus d'importance...

Tu t'en vas…

Près de toi, le temps s'est étiré longuement

Et à présent, on dirait qu'il s'arrête.

Les heures passent, toutes pareilles et grises.

Le jour et la nuit se confondent.

Le rêve dans la réalité bascule.

Comme elle est profonde ta souffrance,

Et amère notre douleur, à nous, de te perdre.

Entre inspirs et expirs,

Tes silences nous épuisent.

Prisonnier de ton lit,

Avec ce voile pâle sur ton visage,

Tu es déjà si loin d'ici…

Entre flamme et volutes, tu hésites…

Que va-t-il t'arriver maintenant, le sais-tu ?

Et que va-t-il nous arriver, à nous ?

Ta mort nous fait peur,

Elle rôde autour de toi

Et nous remet en question.

Nous aussi, nous allons mourir un jour,

Tu nous précèdes seulement un peu.

Si tu savais comme ton départ nous fait peur…

Tu t'en vas et nous sommes perdus.

Avons-nous dit ce qu'il fallait dire ?

Avons-nous fait tout ce qu'il était possible de faire ?

Est-elle vraiment venue pour toi,

Cette heure où tu vas quitter ton manteau de chair ?

Est-ce déjà le temps ?

Si tu savais notre peine et notre désarroi.

Si tu savais...

Nous nous sentons si peu prêts à te laisser partir,

Si dépassés par ce qui arrive

Et déjà, si orphelins de toi...

Mais, tu pleures, on dirait...

Une larme glisse comme une caresse

Jusqu'à ton oreiller.

Tu pleures...

Et nous pleurons aussi,

Car le Ciel est si vaste, si lointain.

Ce froid qui envahit tes membres,

Nous le sentons qui monte

Jusqu'à notre cœur.

Tu meurs, et nous mourons aussi...

Tu n'en finis plus de partir...

Mille fois déjà nous avons cru te perdre.

Et, entre chacune de tes respirations difficiles,

Mille fois, vois-tu, le souffle nous a manqué.

Nous mourons avec toi, à ton rythme.

À chaque seconde qui passe,

Nous assistons, impuissants, à ta métamorphose.

Plus rien, jamais, ne sera pareil.

Oh, toi qui t'en vas, toi que nous aimons tant,

Tu n'en finis plus de partir...

Nous sommes épuisés.

Ta chambre est en hiver

Et la tempête fait rage.

Où sont la paix et la sérénité

Dont tu aurais tant besoin?

Saurons-nous t'offrir autre chose

Que notre angoisse et notre confusion?

Personne ne nous a appris comment faire,

Nous n'avons pas de mode d'emploi

Pour guider tes derniers instants.

Dans la désolation de cette chambre de douleur,
Au seuil du vide où nous nous trouvons,
Nous demandons au Ciel
De recevoir notre peine
Et de Se pencher vers nous…
C'est un impérieux appel à l'amour
Qui s'échappe de nos cœurs.

Nous ne savons plus prier,
Les mots appris ne viennent pas.
Nous ne savons plus prier, mais nous levons les yeux,
Confiants.
Nous savons qu'elle existe
La Lumière douce.
Elle est comme un Soleil qui console,
Un Soleil qui brille,
Tout au bout du chemin
D'obscurité.

Oh, Toi qui es tout Amour,

Notre désarroi est une prière,

Nos larmes sont une prière,

Notre incompréhension est une prière,

Notre désir de Toi est une prière.

Nous avons tant de mal à lâcher prise,

Pourtant, cette âme, nous le savons,

Veut accoucher d'elle-même...

Fais de nous le pont tendu

Dont elle aura besoin pour Te rejoindre.

Oh, Toi, l'Amour,

Notre appel est une prière...

Je suis là.

Pourquoi tant de larmes ?

Celui que vous pleurez est prêt,

Celui que vous pleurez est en route.

Il vient, oui, il vient vers Moi

Et Mes bras sont grands ouverts.

Oh, écoute, toi qui t'envoles,

Nous voudrions te dire...

Nous ne sommes pas seuls ici,

Dans cette chambre de douleur.

Si tu savais !

La Lumière parle,

Elle parle vraiment au cœur du silence.

Les mots du Ciel glissent jusqu'à nous

Et brillent comme des étoiles d'or.

Le Ciel ne nous a pas quittés,

Nous le savons à présent,

Mais dans notre confusion,

Nous avions oublié de lui tendre l'oreille.

Le Ciel se penche sur toi

Et l'instant est sacré.

Oh, toi que nous aimons tant,

Le Ciel parle,

Si tu pouvais l'entendre...

Oh, toi, le voyageur,

Si tu savais la Force de mon Amour

Pour toi.

Ne crains rien,

Dans le brouillard, tu trouveras ta route

Car Je suis avec toi.

L'espace se déchire.

Élève-toi,

Élève-toi,

L'Amour est le miracle.

Oh, toi qui t'en vas, toi que nous aimons tant,

L'entends-tu, toi aussi, cet appel de la Lumière ?

Sens-tu cette douce chaleur d'Amour

Qui se répand partout dans la chambre

Comme une fumée d'encens ?

Nous voyons ton corps usé, à bout de forces,

Qui aspire à la paix.

N'as-tu pas envie de la rejoindre,

Cette Lumière dorée qui réchauffe

Et console ?

Mon enfant,

Mon enfant que J'aime,

Si tu as peur, donne-Moi ta peur.

Si tu es dans le doute, donne-Moi ton doute.

Si tu es en colère, donne-Moi ta colère.

Si tu es dans la douleur, donne-Moi

toute ta douleur.

Je te connais, viens,

Tu vis en Moi depuis toujours.

L'Amour est le miracle.

Réjouis-toi,

C'est aujourd'hui que tu viens au monde.

Nous recevons Ta présence,

La joie vient au milieu des larmes.

Et le silence se fait musique.

Nous recevons Ta présence.

Et une espérance nouvelle

Se lève...

Oh, toi qui t'en vas, toi que nous aimons tant,

Nous ne pouvons pas te suivre dans ce long voyage.

C'est tout seul qu'il te faut partir...

Mais voilà que le Ciel descend vers toi

Et vient te chercher.

Suis cette voix qui t'appelle par ton nom.

Elle est la Douceur,

La plus grande Douceur...

Elle te tend la main,

Ne résiste plus,

Laisse-toi soulever par Son Souffle

Qui t'aspire...

Libère tes bras, tes jambes, ta tête.

Qu'ils se déplient, qu'ils se déploient.

Fais-toi étoile

Et file au plus haut du Ciel.

Ose le chemin nouveau,

Ose la vie nouvelle.

Ne te retourne pas.

Laisse derrière toi cette histoire qui s'achève

Et surtout, ne regrette rien.

Ta vie a été ce qu'elle devait être.

Elle t'a appris

Ce qu'elle devait t'apprendre.

Tu as passé l'épreuve du temps,

Déjà approche la délivrance.

Dénoue simplement les rubans

Qui t'attachent encore à nous

Et à ce que tu possèdes.

Laisse ta vie, ta maison, ton pays,

Et tous ceux que tu as tant aimés.

N'aie pas peur, ne lutte plus.

C'est la Lumière qui t'est enfin offerte.

Sois cerf-volant léger

Et monte dans l'air étincelant de clarté.

Sois libre, nous lâchons la corde fine.

Regarde…

Tu peux partir maintenant.

Oh, toi que nous aimons tant,

Nous sommes suspendus à ton souffle qui s'affole.

C'est le temps. Vas-y, prends ton élan !

Élève-toi au-dessus

Et vole !

Quitte les ténèbres épaisses qui te retiennent prisonnier.

Plus loin est la Porte,

Plus loin est l'Issue.

Ne retiens plus rien, ne te retourne pas.

Ici commence ta véritable histoire.

Oh, toi que nous avons tant aimé,

Sois sans inquiétude pour nous.

Le Ciel aide ceux qui l'implorent.

Nous saurons être dignes de toi

Et bientôt, à nouveau, nous serons réunis.

Sois la réponse à nos questions,

Résous l'énigme du Sphinx.

Rejoins, heureux, le pays d'avant.

Sois le premier jour du monde

Et sa trace dans la mémoire du temps.

Laisse-toi aspirer doucement

Par la spirale étincelante

Qui t'attire…

C'est un cyclone

De joie…

Nous te laissons aller

Devant…

Surtout,

Souviens-toi,

Souviens-toi que tu sais voler!

N'aie pas peur, le Ciel se déchire.

C'est la Lumière qui t'est enfin offerte.

Prends ta véritable place,

Chante ta note exacte au cœur de la symphonie.

Plus rien n'existe maintenant

Que Mes bras qui se tendent vers toi

Et ce Désir,

Ce grand Désir

Qui grandit…

Voilà, c'est fini.
Tout est accompli…
Ta robe de chair s'est éteinte.

Vole! Vole!
À présent, tu es libre.

Vole très haut!
Jusqu'au centre du soleil.

Nous te survivrons d'amour,
Nous te survivrons d'amour,
Nous te survivrons d'amour…

Grande est la Joie

Le Miracle se réalise

Te voilà enfin.

Tu nais,

Debout,

Dans la Lumière de l'Aube.

Tu es parti...

Oui, maintenant, tu es vraiment parti.

Ton enveloppe repose,
Pâle et décharnée sur le lit refait.
Te voilà paisible
Et la douleur enfin t'a quitté.
Tout à l'heure, ils sont venus.
Ils ont constaté, confirmé et signé.
Ils ont dit des mots que nous n'avons pas entendus.
Ils ont fait le nécessaire...
Puis, ils ont refermé la porte,
Et le silence est retombé sur nous.

$\mathcal{T}$u es parti,

Oh toi, que nous avons tant aimé.

Ta robe de chair s'est éteinte pour toujours.

Nos mains ne retiennent plus rien que le vide.

Toute la lumière a disparu

En nous et hors de nous.

Tu nous as quittés

Et pourtant, dehors, rien n'a changé.

Le ciel ne s'est pas obscurci,

La terre n'a même pas tremblé.

La vie continue comme avant,

Les gens parlent, travaillent et mangent,

Indifférents, comme avant.

Tu es parti.

Nous restons immobiles près de toi,

Étonnés tout à coup d'être encore debout.

Inutiles survivants de ta fin du monde,

Nous ne savons que faire.

Nous sommes perdus sans toi,

Peut-être nous étions-nous habitués

À ta longue agonie ?

JE NE SUIS PAS PARTI,

JE SUIS LÀ.

VOUS NE ME VOYEZ DONC PAS ?

QU'EST-CE QUI ARRIVE ENFIN ?

JE NE COMPRENDS PLUS…

MAIS…

EST-CE MOI CETTE FORME RIGIDE SUR LE LIT ?

EST-CE QUE C'EST CELA… ÊTRE… MORT ?

Nous ne savons plus que faire,

Ni que dire...

Des vagues terribles s'écrasent avec fracas

Sur nos poitrines brisées.

Le chagrin si longtemps retenu

Remonte dans nos yeux,

La douleur est immense, trop immense.

Et elle est salée

Comme la mer...

Il est difficile, ce départ.

Vraiment difficile...

NE PLEUREZ PAS,

JE VOUS EN PRIE, NE PLEUREZ SURTOUT PAS !

Oh toi, que nous avons tant aimé,
Es-tu encore ici
Ou bien déjà plus loin ?
Notre cœur s'affole à présent.
C'est fini,
Nous ne te reverrons plus.

Pourtant,
Si nous pouvions faire quelque chose pour toi,
Dire des mots pour t'aider…
Le chagrin serait moins lourd, peut-être…

Je vous vois, je vous entends, je vous reçois,

Je suis là, tout près de vous.

Mais

C'est étrange,

Comment vous dire cela?

Rien n'est plus comme avant.

La chambre s'est transformée,

Le monde est différent.

Il y a…

Il y a une infinie parcelle de lumière

Qui brille en vous,

Comme en chaque chose.

De minute en minute, tu changes un peu plus.
Le mystère,
Le plus grand des mystères,
S'accomplit devant nous,
Dans une infinie douceur.
Ton enveloppe à présent s'en retourne
D'où elle vient.

Ton feu va rejoindre le Feu,
Ton eau va se fondre dans l'Eau,
L'air et la terre de ton corps
Vont se disperser dans l'espace,
Atome par atome...

C'est la vie de ta chair qui regagne
Avec une continue lenteur
Celle de la Terre
Et de l'Univers entier.

JE SUIS LÀ, TOUT PRÈS DE VOUS.
ÉCOUTEZ-MOI !
JE COMPRENDS À PRÉSENT,
JE COMPRENDS...
C'EST SI SIMPLE.

TOUT VIBRE,
TOUT CHANTE,
TOUT SCINTILLE,
PUISQUE TOUT EST VIVANT.

MAIS...
POURQUOI NE M'AVAIT-ON RIEN DIT ?

ET PUIS... JE FLOTTE DANS LES AIRS,
COMME UN BALLON INSTABLE ET TRANSPARENT
SUSPENDU DANS LE VIDE.
JE CROIS... QUE JE... VOLE !
OUI, C'EST BIEN ÇA, JE VOLE.
VOUS NE VOYEZ DONC PAS ?
JE SUIS UN OISEAU,
JE SUIS UN GRAND OISEAU,
C'EST MERVEILLEUX
J'EN RÊVAIS DEPUIS SI LONGTEMPS !

*L'*instant est sacré,

Ta chambre se fait… cathédrale.

Devenus officiants d'une cérémonie d'Amour

Qui nous dépasse,

Nous sentons monter en nous le goût de prier,

De donner des mots nouveaux à notre espérance.

Oh toi, que nous aimons tant…

Là où tu es,

Entends-tu l'écho de nos voix ?

Je vous entends, n'en doutez pas.

Mon corps refroidit, bien sûr,

Mais mon cœur, lui, se réchauffe.

Ne pouvez-vous pas me voir ?

Je suis en haut, en bas,

Ici

Et partout à la fois.

C'est merveilleux !

Mes mains brillent devant mes yeux

Comme de petits soleils.

Je traverse les murs,

Je passe à travers vous.

Je caresse vos cheveux.

Comment est-ce possible en un pareil moment ?

Une joie immense nous envahit,

Une joie brillante et dorée éclate et se répand partout.

L'air est doux,

Doux et léger tout à coup...

D'un point brûlant sur notre cœur,

Jaillissent des étincelles de bonheur.

C'est un feu d'artifice,

C'est un feu d'artifice en couleurs !

Est-ce toi ?

Est-ce toi qui nous fais signe ?

Si vous saviez !

Vos pensées de joie m'enveloppent

Et me guident

Dans ce nouveau monde à découvrir.

Devant moi,

Il y a le ciel, le ciel et encore le ciel.

Je suis si léger, si paisible,

Ébloui par toute cette beauté

Que je découvre à mesure.

Je respire enfin

Et je vous laisse aussi respirer.

Il y a quelque chose qui se dissout.

De la lumière vivante danse sur le lit.

L'enveloppe se décharge

Par petites secousses

De ce qui faisait sa vie.

De minuscules étincelles aux accents électriques

S'allument,

Vertes et mauves, tout autour.

Oh, toi que nous avons tant aimé,

Nous sentons ta présence,

Mais peux-tu toujours nous entendre ?

Parlez-moi, parlez-moi encore !

J'en ai besoin.

Je suis toujours là,

Si proche de vous

Mais en même temps, si loin déjà…

Je m'éveille lentement

À ce qui m'arrive.

Qu'y a-t-il après ?

Je ne le sais pas encore.

Je flotte entre deux mondes.

Un frôlement, un souffle frais…

Une clarté immaculée ondoie devant mes yeux.

On m'appelle, je crois…

Où dois-je aller ?

Ne t'inquiète pas.

Abandonne-toi à ce qui se passe.

Suis cette Voix qui t'appelle.

Laisse-toi prendre par cette Lumière devant toi.

Sois confiance et espoir.

Respire enfin !

Tu l'as tant souhaité.

Oh oui, il existe ce merveilleux couloir

Au bout duquel le Soleil t'attend.

Vas-y,

Marche

Marche à travers lui !

VOTRE PRIÈRE ÉCLATE AUTOUR DE MOI

EN UNE MULTITUDE DE PETITS SOLEILS.

VOTRE CŒUR UNI A DES AILES

ET ME REJOINT LÀ OÙ JE SUIS.

CONTINUEZ,

JE VOUS EN PRIE, CONTINUEZ !

JE CONTEMPLE TOUTE MA VIE,

CE QU'ELLE A ÉTÉ, DANS LES MOINDRES DÉTAILS.

TOUT EST LÀ. RIEN NE MANQUE.

TOUT SE VIT EN MÊME TEMPS

DANS UN LUMINEUX SILENCE.

SI VOUS SAVIEZ…

TOUT SE COMPREND SI FACILEMENT

AU SOMMET DE CE PIC IMMACULÉ

D'OÙ JE REGARDE.

C'EST... TELLEMENT FORT,

C'EST TROP D'AMOUR QUI DÉBORDE !

MAIS COMMENT VOUS DIRE ?

QUAND LES MOTS GLISSENT ET SE DÉROBENT

DEVANT TANT DE SPLENDEURS...

Où es-tu donc ?

Nous ne savons plus si nos voix te parviennent…

Cependant,

Reçois tout l'amour dont nous sommes capables.

Que cet Amour te serve de pont

Pour passer sur l'autre rive.

Que notre tendresse te rejoigne aussi,

Là où tu es,

Et qu'elle te vienne en aide.

Ton silence, sois-en certain,

Nous l'acceptons.

Car il parle de toi,

Et d'une plus grande Aventure encore.

J'entre dans un long souterrain.

Il y a une voix si belle

Qui résonne à travers lui.

Je l'entends, je l'entends.

Elle prononce mon nom encore et encore

Et tout mon être tressaille.

C'est un océan de blancheur qui m'appelle

C'est Lui !

C'est un Soleil, au bout, là-bas

Qui vient me chercher.

Si vous saviez…

Je sens un tel Amour.

Un tel Amour !

Il est en moi, Il est partout !

Le miracle se poursuit.

Nous touchons du cœur ta liberté retrouvée.

C'est un tel bonheur !

À partir d'aujourd'hui

Notre vie ne sera plus la même.

Comment craindrions-nous à présent

Notre propre libération ?

Tu meurs et cependant...

L'extase nous bouleverse,

Des larmes de joie jaillissent

Dans nos yeux fatigués.

C'est la Vie qui commence pour moi.

La Vie, comprenez-vous ?

Mon Dieu, si j'avais su !

Pourquoi ai-je craint ce moment ?

Si vous pouviez voir ce qui se passe.

Là où je suis,

Il y a des portes et des portes qui s'ouvrent,

Les unes après les autres, sans effort

Sur un azur infini.

Que plus personne ne s'inquiète à présent.

Dites-le, je vous en prie, dites-le à tous.

Je suis guéri

Et je rentre chez moi.

Oh ! c'est bleu.

L'air est bleu tout autour !

C'est tellement beau.

C'est tellement beau…

LÀ-HAUT, LA MONTAGNE EST FLEURIE

ET LES ÉTOILES S'ALLUMENT

UNE À UNE

DANS L'INFINI.

JE SUIS…

JE SUIS… EN PLEIN MILIEU DE MOI.

C'EST SI SIMPLE.

COMMENT AVAIS-JE PU OUBLIER TOUT CELA ?

OH ! ON DIRAIT QUE JE VOUS PERDS UN PEU…

EST-CE VOUS QUI PARLEZ MOINS FORT

OU MOI QUI M'ÉLOIGNE PLUS ENCORE ?

Oh, toi que nous aimons tant,

Va,

Va plus loin !

Garde ton élan.

Ne te retourne pas...

Je m'éloigne rapidement, à présent,

Il le faut.

Tout me pousse devant.

Mais je voudrais vous dire avant de partir

Que cet amour que j'ai pour vous

Ne mourra jamais,

C'est ainsi.

Je suis le Souvenir

À jamais retrouvé,

Réjouissez-vous pour moi.

L'espace est grand ouvert.

Me voici enfin libre

Et ruisselant de Lumière,

Dans le premier matin du monde.

Tu nais à toi-même

Dans Ma vie…

Tu retrouves ton chemin, ta maison.

Tout s'éclaire et se comprend.

Tu te souviens enfin.

Je suis cet Amour en toi,

Ce grand Amour que tu as tant cherché.

Viens, approche.

Viens.

Contemple l'immensité des mondes à venir.

Tout commence seulement pour toi,

Tout est à vivre et tout se continue

À jamais,

Maintenant,

Et depuis le Commencement…

Avant de se quitter tout à fait…

Je ne peux que penser à vous à présent, à vous qui venez de terminer la lecture de ces *Chants de consolation*. La musique des mots s'est éteinte… Je vous retrouve ici dans ce silence vivant, encore suspendus entre deux mondes, entre deux réalités qui se sont chevauchées un instant. J'essaie d'imaginer vos visages. Je me demande…

Peut-être avez-vous lu ces *Chants* comme ça, par hasard, parce que le sujet vous intéressait, parce que vous avez trouvé le livre sur une table ou bien parce qu'on vous l'a offert en cadeau ? Peut-être êtes-vous encore sous le choc du départ récent d'un proche ? Êtes-vous médecin, psychologue ou soignant ? Est-ce votre amie qui souffre depuis trop longtemps dans un lit d'hôpital et que vous aimeriez supporter davantage ? Ou est-ce votre grand amour qui s'éteint en silence et qui ne peut plus communiquer avec vous ? Peut-être vient-on de vous annoncer un diagnostic inquiétant ? Je pense à vous.

J'espère que ces *Chants de consolation* ont su libérer leurs secrets de douceur et de compréhension, qu'ils vous ont apaisés, consolés...

S'il m'était possible de vous prendre dans mes bras, là, à cet instant, je le ferais... Un geste de tendresse, je le sais à présent, est ultimement ce qu'un être humain peut faire de plus beau, de plus utile pour un autre être humain. Pendant des années, j'ai accompagné en tant que bénévole, des enfants et des adolescents très malades et leurs parents, j'ai accompagné des adultes aussi. J'ai vécu auprès d'eux des départs trop rapides autant que des agonies interminables.

J'ai appris. J'ai appris beaucoup en choisissant volontairement d'être sur la *ligne de front*, avec les grands brûlés de la souffrance...

Chaque départ est différent, unique. On a beau s'y préparer, la mort arrive toujours trop tôt ou trop tard, elle prend toujours au dépourvu. Elle survient souvent à ce moment précis où, épuisé, on est allé se chercher un café ou pendant le petit cinq minutes où l'on s'est assoupi. Comme si celui qui partait avait fait exprès de déjouer toute prédiction.

Quand la mort arrive, c'est d'abord un grand vide qui est ressenti. Comme une lampe qui se serait éteinte toute seule, comme une communication qui se serait coupée brusquement ou comme une chanson qui se serait interrompue en plein milieu. Quand le souffle rauque du mourant auquel on vivait accroché depuis des heures, des jours, parfois des semaines, finit par s'arrêter, c'est d'abord le silence retrouvé qui est déroutant. Ce silence sans respirations et plein de *rien* se met à s'ouvrir tel un gouffre sous nos pieds. Suspendus au bord du néant, c'est notre propre respiration qui semble elle aussi s'interrompre. C'est ça, la fin? C'est juste ça... ce vide?

C'est seulement après coup que l'on ressent vraiment la douleur. Elle vient, quand la fatigue extrême accumulée nous rattrape, quand nos forces lâchent brusquement parce que l'organisme a cessé de sécréter l'adrénaline nécessaire. Dévastant, arrachant tout sur son passage, tel un torrent fou dévalant la montagne, la douleur se réveille alors. Elle éclate sans ménagement et écrase le cœur. C'est souvent après les funérailles que cela arrive, quand les proches se sont dispersés, retournant à leur travail, à leurs préoccupations quotidiennes, à leur propre histoire.

Comme il est difficile de perdre quelqu'un qu'on aime... On pense que la famille, les amis, les copains de bureau resteront sensibles à notre chagrin, qu'ils comprendront l'ampleur de la catastrophe. On s'attend à ce qu'ils n'oublient pas si vite, qu'ils prennent du temps pour nous, qu'ils nous demandent de leur répéter en détail comment se sont déroulés les derniers moments de l'agonie et comment on les a vécus. On croit qu'ils vont nous laisser leur raconter cent fois nos souvenirs, qu'ils vont aimer, tout comme nous, regarder et regarder encore les photos prises au temps du bonheur... Mais ça ne se passe pas ainsi... Pas souvent en tout cas.

La vie continue, et ceux sur qui on comptait finissent fatalement par lancer, un jour ou l'autre, par lassitude de nous voir encore souffrir, des phrases terribles dont ils ne réalisent ni la teneur, ni l'impact :

« Va au cinéma, pense à autre chose, change-toi les idées ! Tu ne vas pas rester enfermé toute ta vie. Ça fait trois mois qu'il est parti, ne crois-tu pas que tu devrais décrocher les photos sur les murs, faire le ménage de sa chambre, donner ses jouets à un autre enfant ou aller porter ses habits aux Disciples d'Emmaüs ? Allez, secoue-toi un peu ! »

La mort fait tellement peur qu'on hésite à en parler... On ne sait jamais, peut-être qu'on pourrait la provoquer ou, à tout le moins, l'accélérer si on y accordait un peu trop d'importance ? Consciemment ou non, on finit presque par la nier, c'est plus facile ainsi. Cependant, quand on y réfléchit un peu, nous sommes bien tous, les uns et les autres, en train de mourir, ce n'est finalement qu'une question de temps ! De plus, c'est la seule chose dont on soit absolument sûr qu'elle arrivera !

Parce nous ne vivons plus que maladroitement, péniblement et médicalement la plupart des départs de nos êtres chers, nous en viendrions presque à envier le temps d'avant, quand la mort n'était pas encore taboue, quand elle était simplement normale, quand nos ancêtres la fréquentaient au quotidien. Elle n'est pourtant pas si lointaine l'époque où l'on savait quoi faire quand survenait un décès à la maison, quand les corps étaient lavés avec sollicitude par un membre de la famille, quand on priait tous ensemble pour se rassurer ou se consoler, quand on savait tellement mieux dire au revoir... C'était un temps où les plus vieux avaient leur place parmi les jeunes, un temps où les malades n'étaient plus entassés et cachés dans des hospices ou des centres de soins prolongés.

N'allons-nous pas finir par envier les gens des pays moins bien nantis, moins modernes, moins orgueilleux peut-être, qui n'ont pas encore oublié comment poser les ultimes gestes d'amour ? Pour quelques malades plus chanceux ou plus riches qui bénéficient d'un meilleur accompagnement à la maison ou dans quelque unité de soins palliatifs, combien d'êtres humains meurent, presque en cachette et seuls à l'hôpital, en ayant l'impression qu'ils dérangent ?

Les mots d'amour ou de pardon qu'on n'a pas osé dire, les gestes tendres qu'on a eu peur de faire, l'espérance et la sérénité qu'on n'a pas su trouver en soi, laissent malheureusement de grandes cicatrices ouvertes. C'est pour cela qu'il est si important que nous apprenions tous cet art subtil et beau, cet art infiniment humain, d'accompagner avec amour et sérénité ceux qui s'apprêtent à nous quitter pour rejoindre, juste un peu avant nous, « l'autre côté des choses ». *

Il y a quelques années, j'ai écrit un texte étrange. Il a jailli comme ça, d'un seul jet et sans aucune rature sous mon stylo.

---

* Lise Thouin, *De l'autre côté des choses*, Éditions Le Perséa.

On aurait dit que j'avais *capté* des mots qui ne m'étaient pas directement adressés. M'avaient-ils été dictés par un enfant décédé subitement et qui avait trouvé ce moyen inusité pour laisser un message à sa maman? Qui était cet enfant, existait-il vraiment? J'ai eu envie d'y croire... En publiant ce poème aujourd'hui, je me dis que cette missive d'amour venue de si loin, ce *Chant de consolation* d'un enfant à sa mère, ira peut-être enfin rejoindre sa destinataire.

Avec toute ma tendresse...

M'entends-tu, maman?

M'entends-tu, maman,
M'entends-tu?
Je te parle d'en haut, d'en bas
Je ne sais pas.

Je parle une autre langue,
Je vis une autre vie,
Je ne suis pas un ange,
Et tout n'est pas fini.
Je suis à contre-jour,
Et j'ai mille ans passés,
C'est toi qui est l'enfance,
C'est moi qui va chanter.

M'entends-tu, maman,
M'entends-tu?
Je te parle d'en haut, d'en bas,
Je ne sais pas.

C'est étrange ici
Où tout est au milieu,
Je reconnais des gens
Que je n'ai jamais vus.
Je suis un grand oiseau,
Je suis après-demain,
Je fais des lignes bleues
En marchant sur les mains.

M'entends-tu, maman,
M'entends-tu ?
Je te parle d'en haut, d'en bas,
Je ne sais pas.

Ça s'est passé très vite
Maman, ce matin-là.
Je t'ai vue qui pleurait
Moi je ne pleurais pas.
Le temps s'est juste ouvert
J'ai glissé dans le noir,
Je n'ai pas eu le temps
De te dire au revoir.

M'entends-tu, maman,
M'entends-tu ?
Je suis là,
Je suis là,
Je suis là…

Fondation Boule de Rêve

Lise Thouin a créé la Fondation Boule de Rêve en 2003, afin de développer l'œuvre humanitaire bénévole qu'elle a entreprise, il y a presque vingt ans, en accompagnant des enfants et des adolescents atteints de maladies graves. C'est Boule de Rêve, le petit dauphin ailé, qui sert d'image et de véhicule à la Fondation. Comme première mission, elle a choisi de propager l'histoire magique de Boule de Rêve, car celle-ci constitue un outil d'intervention unique et très apprécié en matière d'accompagnement d'enfants ou d'adultes vivant des situations de souffrance physique, psychologique ou de grand stress. Sa valeur pédagogique et sociale est d'ailleurs reconnue par l'UNESCO, qui a mis *Palla di Sogno* (la version italienne de *Boule de Rêve*) en nomination pour son prestigieux prix de la Culture de la paix, en l'an 2000. Grâce à la Fondation, un spectacle témoignant de la douceur et de la tendresse de *Boule de Rêve* a été présenté dans plus de 600 écoles et centres de la petite enfance.

La Fondation fait également un important travail de formation en accompagnement aux mourants, principalement par des conférences, des séminaires et des cours, ainsi que par diverses participations à des congrès nationaux et internationaux. Parmi les nombreux projets de la Fondation, l'un des plus importants est certes l'ouverture des Maisons Boule de Rêve destinées à l'accompagnement d'enfants et d'adultes gravement malades. Ces maisons pourront incarner encore plus concrètement tout ce que le petit dauphin nous invite à apprendre et à vivre.

Pour en savoir plus sur la Fondation Boule de Rêve ou pour faire des dons : **www.bouledereve.org**. Pour en savoir plus sur les activités de Lise Thouin : **www.lisethouin.alchymed.com**. Pour communiquer avec elle ou pour l'inviter à donner une conférence ou un séminaire dans votre région : info@bouledereve.org.

La Fondation Boule de Rêve est une société sans but lucratif reconnue comme organisme de bienfaisance par les gouvernements fédéral et provincial. Numéro d'enregistrement : 14457 9117 RR0001.

FONDATION
BOULE DE RÊVE

Du même auteur

Boule de Rêve, Montréal, Les Productions Boule de Rêve et Leucan, 1993. (Album et cassette) ; Montréal, Fondation Boule de Rêve, 2002. (Album et CD pour le Québec) ; Montréal, Éditions Le Perséa, 2002. (Album et CD pour la France et les autres pays francophones).

De l'autre côté des choses, Montréal, Libre Expression, 1996 ; Paris, Presses de la Renaissance, 1997 ; Paris, Pocket, 1999. Nouvelle édition, Montréal, Éditions Le Perséa, 2003.

Toucher au soleil... et tant pis si ça brûle !, Montréal, Éditions Libre Expression, 2000. (Pour le Québec) ; Paris, Presses de la Renaissance, 2001. (Pour la France et les autres pays francophones).

_____

_____

_____

_____

_____

_____

_____

_____

_____

_____

_____

_____

Achevé d'imprimer au Canada
sur les presses de Quebecor World Saint-Romuald